YOUR KNOWLEDGE HAS VALUE

Leo Müller

Dante e Boccaccio: una comparazione

Introduzione alla letteratura italiana

GRIN Verlag

Bibliografische Information der Deutschen Nationalbibliothek:

Die Deutsche Bibliothek verzeichnet diese Publikation in der Deutschen National-
bibliografie; detaillierte bibliografische Daten sind im Internet über http://dnb.d-
nb.de/ abrufbar.

Imprint:

Copyright © 2011 GRIN Verlag GmbH
Druck und Bindung: Books on Demand GmbH, Norderstedt Germany
ISBN: 978-3-656-54907-9

This book at GRIN:

http://www.grin.com/en/e-book/265353/dante-e-boccaccio-una-comparazione

Introduzione alla letteratura italiana

Dante e Boccaccio- una comparazione

Indice

1. Introduzione

Dopo le opere degli stilnovisti entra una nuova visione alla letteratura italiana: Boccaccio scrive il *Decameron,* un'opera dedicata alle donne. In più, pone l'accento sull'impossibilità di poter capire la sua opera se non si è innamorati. È dedicata alle donne perché loro si innamorano facilmente e sono schiave dei loro sentimenti e, come casalinghe, non hanno nessuna possibilità di sfuggire dalle emozioni ma stanno rinchiuse nelle case con le loro passioni e fiamme amorose.

La novità più importante è che Boccaccio converte la donna in un soggetto concreto: La donna come lettore, la donna come protagonista, la donna come eroina, la donna come personificazione del nuovo modo di vedere il mondo.

Il *Decameron* è una raccolta di cento novelle, ambientata nella campagna di Firenze del XIV secolo. L' opera contiene centouno novelle, ciascuna introdotta da una cornice e tre da una super cornici: il proemio, l'introduzione alla quarta giornata e la conclusione.

Ogni novella deve contenere un tema stabilito quotidianamente da un novellatore – il re o la regina del giorno. I tre temi principali sono l'amore, la fortuna e l'ingegno; possono concorrere insieme o separatamente nelle novelle.

Analizzando il *Decameron* si distingue un nuovo modo di vedere e trattare il tema dell'amore. Infatti, Boccaccio ha una nuova concezione dell'amore che contrasta con i concetti d'amore dei suoi contemporanei Petrarca e Dante.[1]

Ponendo l'attenzione su Boccaccio, il *Decameron* è il suo capolavoro; questo lavoro si concentra sulla descrizione del concetto d'amore sia di Dante che di Boccaccio per poi concludere con la comparazione dei due punti di vista.

---

[1] Vaglio, Anna, *Invito alla lettura di Boccaccio*, Milano, Mursia, 1988, p. 59s.

2. L'amore nel Trecento

Le "Tre Corone" – Dante, Petrarca, Boccaccio – sono i fondamentali rappresentanti della letteratura del Trecento. Ognuno con il proprio concetto, le proprie idee riguardo la donna e l'amore.

Dante ci presenta il concetto dell'amore attraverso la donna Beatrice, la gentile e angelica creatura che apre il cammino verso Dio. L'amore è un incontro spirituale che porta l'essere umano più vicino a Dio.

Petrarca descrive l'amore, da una parte, come divino, sublime ma dall'altra parte terreno e pieno di sofferenze. L'ambiguità, tipica del Petrarca, indica due lati dell'amore: una parte positiva che mantiene l'idea dell'avvicinamento a Dio per mezzo dell'esperienza amorosa. Inoltre, vi è poi il dolore che sente il soggetto a causa dell'assenza dell'amata. Quindi, Petrarca introduce il focus al soggetto innamorato. Cioè, mentre Dante scrive più in generale, Petrarca tematizza le emozioni personali che gli hanno causato l'incontro con la angelica Laura.[2][3]

In questo contesto entra Boccaccio e rompe con le idealizzazione: dal punto di vista più naturalistico l'autore definisce l'amore come passione, eros, istinto, e a causa di questo appaiono elementi come l'odio, il tradimento, la gelosia, ma pure la felicità, l'allegria e la gioia.

In conclusione, comparando l'amore, questo sentimento cambia orientamento. Dante è orientato verso la relazione dell'uomo con la donna per arrivare più vicino a Dio; Petrarca vede Laura come creatura angelica, ma parla pure della vita terrena e dei suoi sentimenti. Boccaccio, invece, si concentra completamente sulla terra e i sentimenti degli esseri umani. Con un orientamento al presente e una concezione più naturalistica, Boccaccio forma il ponte tra due epoche perché apre la porta al Rinascimento.[4]

---

[2] Il senso generale del *Canzoniere* viene definito dal sonetto iniziale *"Voi ch'ascoltate in rime sparse il suono"* e invita il lettore a seguire gli emozioni del poeta.
[3] Giulio Ferroni, *Profilo storico della letteratura italiana*, VI, Torino, Einaudi, 1991, p. 154.
[4] Ibidem, p. 181.

2.1. Dante

Alla fine del XIII secolo gli intellettuali di Firenze creano un movimento nuovo e più moderno[5] che influirà in tutta la società e la cultura italiana. Dante (1265-1321) è un poeta appartenente alla corrente letteraria dello Stilnovo. Lo Stilnovo è un genere lirico che prende piede in Toscana e ha come tema principale l'amore e la gentilezza.

Recuperando alcuni aspetti della poesia di Guinizzelli e con il mantenimento della connessione fondamentale con Cavalcanti, Dante ci presenta la donna con una nuova definizione.

In *Donne ch´avete intelletto d´amore* (XIX) si trovano motivi tipici e originali del dolce Stilnovo, che si basano sull'amore, la "gentilezza" e la donna come oggetto affascinante che simbolizza la fonte della salute.[6]

La *Vita Nova* mostra la fine del dolce Stilnovo e supera la tradizione provinciale perché descrive i sentimenti del poeta in modo idealizzato con una connotazione mitica. L' opera è una dedica alla "gentilissima", il "miracolo"[7] e contemporaneamente a Dio. Dal punto di vista dantesco, Dio non creò la bellezza delle donne per condannare l'uomo a soffrire una malattia chiamata amore, ma per insegnargli la bellezza che esiste ogni giorno intorno a loro. Protagonista dei componimenti di questo periodo è la donna, descritta non solo per le sue sembianze esteriori ma anche per la sua sfera interiore pura ed angelica. Dante smaterializza la figura della donna Beatrice, trasformandola in un'immagine speciale, divina, angelica. Attraverso la donna ci si può purificare l'animo; lei può portare l'uomo ad una purificazione di se stesso e ad un rapporto più vicino a Dio.

In conclusione, Dante ritiene che la donna fosse l'unico tramite tra l'uomo e Dio.

---

[5] DANTE ALIGHIERI, *Vida Nueva*, Edición bilingüe de Raffaele Pinto, Traducción de Luis Martínez de Merlo, Madrid, Ed.Cátedra (Letras Universales), 2003, Introducción, p.12.
[6] Giulio Ferroni, *Profilo storico della letteratura italiana*, IV, Torino, Einaudi, 1991, p. 82.
[7] DANTE ALIGHIERI, *Vida Nueva*, Madrid, Ed.Cátedra, 2003, XXIX, p.331.

2.2. Boccaccio

Boccaccio abbraccia un amore naturalistico[8], ossia istintivo. Lo si vede per esempio nella novella "Lisabetta da Messina". Lisabetta, la protagonista, una ricca borghese, si innamora di Lorenzo, un giovane aiutante di bottega, con cui si vede di nascosto. Entrambi appartengono a due classi sociali differenti. Sembra che la conclusione dell'autore sia che questo amore sia legittimo anche se i due non appartengono alla stessa classe sociale e che l'intervento dei fratelli di Lisabetta - l'uccisione di Lorenzo - sia inutile perché l'amore è più forte della logica dell'utile. L'amore è condiviso sia dai due amanti, sia dai fratelli che sono costretti per la logica dell'utile ad abbandonare Messina per timore che lo scandalo della sorella influisca sui loro traffici commerciali. Altri esempi sono dati dalle novelle "Federigo degli Alberghi" o "Nastagio degli Onesti". In quest'ultima confluiscono tre tematiche: Nastagio si innamora di una donna che non lo ricambia a causa della sua superbia. Per soffrire di meno il protagonista si vede costretto ad abbandonare il paese e decide di isolarsi in campagna. Durante una passeggiata, Nastagio ha una visione, che ricorda la caccia infernale della *Divina Commedia*: una ragazza nuda è inseguita da un cavaliere a cavallo. Con una spada il cavaliere le trafigge il corpo in modo che le escano gli organi. Poi vede due mastini che si mangiano gli organi della ragazza. La prima reazione di Nastagio è pietà per la donna, ma dopo aver sentito il racconto del cavaliere, cambia idea. La ragazza subiva quel supplizio perché in vita era stata tanto crudele con l'uomo che l'amava, da provocarne il suicidio e da gioire dopo la morte del povero uomo. Tutto ciò sembra ricordare a Nastagio la sua storia con una ragazza amata. Per questo decide di invitare la sua amata a cena e di farle vedere la scena. Dopo la cena e dopo aver sentito il racconto del cavaliere, la ragazza si sente direttamente coinvolta e spaventata dal suo probabile futuro. Decide così di sposare al più presto Nastagio e essere sempre benevola con lui. Senza questa visione Nastagio non sarebbe mai riuscito a sposare la donna amata.

L'amore è considerato come sentimento umano e terreno tra due persone, non c'è la tematizzazione dell'amore come cammino per avvicinarsi a Dio. L'amore coinvolge la carne e accende le passioni più sensuali. Può essere in un contesto di

---

[8] Giulio Ferroni, *Profilo storico della letteratura italiana*, IV, Torino, Einaudi, 1991, p. 181.

grande felicità, allegria e soddisfazione oppure di sofferenze, gelosia, odio e tradimenti; Boccaccio, quindi, tematizza tutti gli aspetti dell'amore.

Inoltre, ci dà un nuovo essere umano: il concetto di un mondo naturalista apre il cammino per l'uomo tranquillo che non si preoccupa e non ha pregiudizi. Invece di preoccuparsi di ciò che ci aspetta dopo la morte, il focus sta nel presente. Il motivo del *carpe diem* che appare nelle persone che vivono, sentono e attuano concentrati sul presente segna il cammino verso il Rinascimento.[9] In più, Boccaccio cambia la definizione della virtù come si può notare nella seconda novella *Peronella* della settima giornata: Peronella mette Giannello, il suo amante, in un doglio, vedendo rientrare in casa il marito più presto del solito. Egli, contento di poter dire che ha venduto il doglio, riceve come risposta che Peronella l'ha venduto per più soldi ad un uomo che proprio in quel momento si trova dentro il doglio per vedere se il prezzo è adeguato. Giannello capisce subito e improvvisa: dice che il doglio gli pare sporco e lo vuole aver pulito prima di portarselo via. Peronella ordina a suo marito di pulire il doglio e, mentre lei osserva suo marito che lavora nel doglio, Giannello finisce ciò che aveva fatto prima che il marito rientrasse – senza avere la coscienza sporca di fare parte di un tradimento, ma seguito dal suo istinto.

La base e la conclusione della storia si fondano completamente su caratteri differenti: Peronella è una donna frustrata e infelice a causa del suo matrimonio, anche se suo marito è un uomo buono che la ama e farebbe tutto per lei. Mentre lui va a lavorare sua moglie lo tradisce con un giovane chiamato Giannello. Lui rappresenta l'uomo che è sicuro di sé e vive le sue passioni, mentre il marito dipende dalla moglie ed è molto ingenuo. Peronella è una donna intelligente e creativa, non è contenta della sua situazione è la cambia, vivendo una relazione amorosa parallela. E' lei quindi il carattere centrale che personifica la nuova virtù: la capacità di attuare con intelligenza. La definizione di virtù non è più un valore etico. Nel sentito umanistico, non c'è ne moralità ne immoralità, tutto è come è. È l'immagine di un mondo senza colpa o peccati.

In conclusione, mentre il marito che dovrebbe causare compassione nel lettore simbolizza l'ignoranza e l'ingenuità, Peronella, che tradisce ed è falsa, viene attribuita con delle caratteristiche positive, perché è intelligente, creativa e attiva. Boccaccio non presenta il mondo in bianco e nero ma, mostrando un mondo in grigio,

---

[9] Stefano Carrai, Giorgio, Inglese, *La letteratura del Medioevo*, Roma, Carocci, 2003, p. 292.

produce un lettore l'idea di crearsi una sua opinione ammettendo che non c'è solo giusto o sbagliato, ma pure un cammino in mezzo.

3. Conclusione

Dante e Boccaccio hanno una concezione molto differente riguardo il ruolo della donna nelle loro opere. La principale differenza che viene subito alla luce è la concezione teorica e divina dell'amore in antitesi con quella più pratica di Boccaccio.

Per Dante la donna è l'unico tramite tra l'uomo e Dio. Come si nota in quasi tutte le sue opere, la donna è presentata con delle caratteristiche sublimi e un'aggettivazione divina, angelica. Per esempio, il sonetto *Tanto gentile e tanto onesta pare* spiega la gentilezza e la divinità di Beatrice, un miracolo sceso dal cielo in terra.
In Boccaccio, invece, vi è una visione differente: lui non vede la donna come un angelo, ma semplicemente come un essere umano. Non vuol dire che ci sia un deprezzamento della donna – Boccaccio cambia la prospettiva: Dante parlava della donna, Boccaccio fa parlare le donne.

Dante ha come tema principale l'amore e la gentilezza. La gentilezza è intesa come nobiltà d'animo, quindi solo l'uomo dotato di *cor gentile* può vivere l'esperienza dell'amore. Il concetto d'amore di Boccaccio, invece, contiene aspetti più carnali e materiali rispetto alla concezione dantesca. Per esempio, per Dante la bellezza di una donna si manifesta attraverso la sua bellezza interiore, Boccaccio invece si concentra sul profilo della bellezza corporea della donna. Per lui l'amore significa viverlo anche attraverso l'esperienza erotica e sensuale.

Oltre a non essere considerata un angelo, Boccaccio dà alla donna il ruolo dell'unica protagonista. Dedica il capolavoro alle donne e, come spiega nell'introduzione, rivolge a loro il discorso ogni volta che l'autore interviene in prima persona nel narrato. I personaggi sono tutti caratteri che rivelano l'evoluzione storica e sociale della donna, come per esempio, Paronella, la donna furba, intelligente e creativa che tradisce suo marito e vive le sue passioni con un giovane ragazzo.
Nel *Decameron*, la donna non si limita ad essere ombra e riflesso della passione dell'uomo. È lei che diventa protagonista, è lei che affronta e soffre la vicenda amorosa dentro di sé.

Questo non avviene in Dante, perché la donna è oggetto e viene descritta ma non ha una voce. Non pone mai una donna come protagonista e non ci presenta mai una donna che si innamora di un uomo. La donna in Dante rimane sempre passiva, ma superiore all'uomo, il quale deve solo credere in un amore puro, finalizzato al raggiungimento di Dio per mezzo della donna.

4. Bibliografia

- DANTE ALIGHIERI, *Vida Nueva*, Edición bilingüe de Raffaele Pinto, Traducción de Luis Martínez de Merlo, Madrid, Ed.Cátedra (Letras Universales), 2003.
- Giovanni Boccaccio, *Decameron,* a cura di Vittore Branca, Firenze, Le Monnier, 1965.
- Francesco Petrarca, *Canzioniere,* a cura di Daniele Ponchiroli, Torino, Einaudi, 2005.

- Stefano Carrai, Giorgio, Inglese, *La letteratura del Medioevo*, Roma, Carocci, 2003.
- Giulio Ferroni, *Profilo storico della letteratura italiana*, IV, Torino, Einaudi, 1991.
- Giulio Ferroni, *Profilo storico della letteratura italiana*, VI, Torino, Einaudi, 1991.
- Anna Vaglio, *Invito alla lettura di Boccaccio*, Milano, Mursia, 1988.